Martin Luther King Jr.

Líder de los derechos civiles

Grace Hansen

Abdo
BIOGRAFÍAS: PERSONAS QUE
HAN HECHO HISTORIA
Kids

abdopublishing.com

Published by Abdo Kids, a division of ABDO, PO Box 398166, Minneapolis, Minnesota 55439.

Printed in the United States of America, North Mankato, Minnesota.

092016

052016

 THIS BOOK CONTAINS
RECYCLED MATERIALS

Spanish Translator: Maria Puchol, Pablo Viedma

Photo Credits: AP Images, iStock, Landov Media, Shutterstock
© User:Mikefairbanks / CC-SA-3.0 p.5

Production Contributors: Teddy Borth, Jennie Forsberg, Grace Hansen

Design Contributors: Laura Rask, Dorothy Toth

Publishers Cataloging-in-Publication Data

Names: Hansen, Grace, author.

Title: Martin Luther King Jr.: Líder de los derechos civiles / by Grace Hansen.

Other titles: Martin Luther King Jr.: civil rights leader. Spanish

Description: Minneapolis, MN : Abdo Kids, [2017] | Series: Biografías: Personas que han hecho
historia |

    Includes bibliographical references and index.

Identifiers: LCCN 2016934890 | ISBN 9781680807417 (lib. bdg.) |

    ISBN 9781680808438 (ebook)

Subjects: LCSH: King, Martin Luther, Jr., 1929-1968--Juvenile literature. | African Americans --
Biography--Juvenile literature. | Civil rights workers--United States--Biography --Juvenile literature.
| Baptists--United States--Clergy--Biography--Juvenile literature. | African Americans--Civil rights--
History--20th century--Juvenile literature. | Spanish language materials--Juvenile literature.

Classification: DDC 323/.092 [B]--dc23

LC record available at http://lccn.loc.gov/2016934890

Contenido

I HAVE A DREAM
MARTIN LUTHER KING, JR.
THE MARCH ON WASHINGTON
FOR JOBS AND FREEDOM
AUGUST 28, 1963

Primeros años de vida

Martin Luther King Jr. nació el 15 de enero de 1929 en Atlanta, Georgia.

Georgia

MLK fue a la escuela secundaria y a la universidad. Consiguió su **doctorado** en 1955.

Separados

En aquella época a los afroamericanos no se los trataba igual que a los blancos. Se los mantenía separados. Los afroamericanos no podían ir a las escuelas de los blancos. Incluso se tenían que sentar al final de los autobuses.

8

9

Protesta pacífica

En 1955 MLK lideró una protesta pacífica. Duró 381 días. Ningún afroamericano, ni mujer ni hombre, se subió a un autobús.

11

Este problema llegó hasta la Corte Suprema. Ésta decidió que la situación en los autobuses era injusta. A partir de ahí los afroamericanos pudieron sentarse donde quisieron. Esto fue una gran victoria para los derechos civiles.

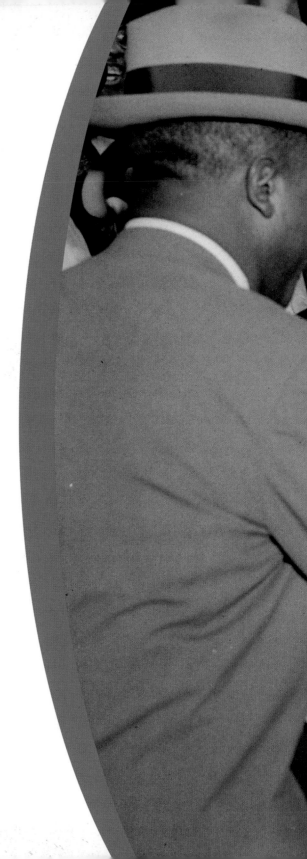

13

MLK se hizo famoso después de esta protesta. Se convirtió en el **representante** del **Movimiento por los Derechos Civiles**. Viajó por todo el país. Habló con mucha gente.

"Tengo un sueño"

En 1963 MLK lideró una marcha pacífica en Washington DC. Miles de personas se le unieron. Ahí dio su famoso discurso "Tengo un sueño".

Su muerte y su legado

MLK fue asesinado de un disparo el 4 de abril de 1968. Ocurrió en Memphis, Tennessee.

MARTIN LUTHER KING JR.

1929 — 1968

FREE AT LAST, FREE AT LAST,

K GOD ALMIGHTY I'M FREE AT LAST

19

MLK vio la necesidad de un cambio y lo logró. Además, encontró la manera pacífica de conseguirlo. Todavía se le recuerda como un gran líder.

Línea cronológica

MLK lidera una **protesta pacífica**. La comunidad de afroamericanos no usa los autobuses durante más de un año en Montgomery, Alabama.

Viaja más de 6 millones de millas entre 1957 y 1968. Habla en público más de 2,500 veces. Lo arrestan más de 20 veces.

MLK es el hombre más joven en recibir el **Premio Noble de la Paz**.

1955

1957

1964

1929

1956

1963

1968

15 de enero
Martin Luther King Jr. nace en Atlanta, Georgia.

La **Corte Suprema** decide que separar gente en los autobuses por razones de color de piel es injusto. Después de la sentencia MLK se convierte en el representante del **Movimiento por los Derechos Civiles**.

28 de agosto
MLK da su discurso "Tengo un sueño". Su sueño es que algún día todos seamos iguales.

4 de abril
MLK es asesinado de un disparo en Memphis, Tennessee. Estaba saliendo del hotel para liderar una marcha pacífica.

Glosario

corte suprema – el más alto tribunal judicial en un estado o país.

doctorado – título o rango de doctor.

Movimiento por los Derechos Civiles – movimiento estadounidense protagonizado por afroamericanos para conseguir igualdad de derechos y un trato justo.

Premio Nobel de la Paz – premio concedido cada año a una persona que promueve la paz mundial.

protesta pacífica – forma de llegar a metas sin usar la violencia. Las protestas de MLK se fundaron en ideas que aprendió del cristianismo y de Mahatma Gandhi.

23

Índice

abdokids.com

¡Usa este código para entrar en abdokids.com y tener acceso a juegos, arte, videos y mucho más!

Código Abdo Kids:
HMK7044